Diese Küken sind schon da:

KNACKS!

Band 1: Ein T-Rex schlüpft aus

Band 2: Halt den Schnabel, Tier!

... und weitere Eier sind im Nest!

Claudia Scharf

KNACKS!
Ein T-Rex schlüpft aus

Mit Bildern von Barbara Fisinger

Verlag Friedrich Oetinger · Hamburg

Inhaltsverzeichnis

Kapitel 1: Zicke, zacke, Hühnerkacke 12

Kapitel 2: Knacks! 22

Kapitel 3: Plötzlich Dinositter 32

Kapitel 4: Wie versteckt man einen Dino? 42

Kapitel 5: Erwischt! 54

Kapitel 6: Eine T-Rex im Zoo 66

Kapitel 7: Lauf, Rexi, lauf! 78

Kapitel 8: Abends im Museum 88

Kapitel 9: Super-Dino 96

Kapitel 10: Ein neues Haustier 106

Tom
aus dem Rosenweg
Hobby: chillen, *Ninja Zebra* gucken

Mila
Toms beste Freundin
Hobby: Karate

Lasse
Toms größter Feind
Hobby: fies sein

Herr Rollo, Lehrer
Hobby: der Hühnerhof der Schule

Frau Klops, Hausmeisterin
Hobby: Maschinen bauen

Herr Raff-Meier, Zoo-Direktor
Hobby: reich werden, egal wie

Die Schul-Hühner

Ei der klugen **Edda**

Ei der runden **Emine**

Ei der frechen **Eva**

Ei der schönen **Esi**

Ei der kleinen **Erika** – huch?

Ei der mutigen **Elke**

Kapitel 1
Zicke, zacke, Hühnerkacke

Alles begann so:

Hinter Toms Schule ist der Pausenhof.

Mit Kletterwand, Basketball-Korb —

und Hühnerhof.

Jup — ihr habt richtig gelesen: Hühnerhof.

Sechs Hühner gibt es darin:

Die kluge Edda

Die runde Emine

Die freche Eva

Die schöne Esi

Die mutige Elke

Die kleine Erika

Toms Lehrer Herr Rollo betreut den Hof.
Er gibt den Hühnern Futter.
Er sammelt die Eier ein
und bringt sie in die Schul-Kantine.
Er schickt die Hühner am Abend in den Stall,
damit der Fuchs sie nicht klaut.

Und er findet immer einen Schüler
zum Stall-Putzen.

Und das ist heute Tom.
Der hat nur kurz gelacht in Bio,
weil Mila einen Mini-Rollo-Mops
in ihr Heft gemalt hat.

Und schon zetert Herr Rollo los:
»Tom Kruse, was ist bitte so lustig?
Du willst Witze erzählen?
Die Hühner lieben Witze! Nach der Schule
hast du Hühner-Kack-Dienst.«
Na toll.

»Zicke, zacke, Hühnerkacke!«, ruft Lasse
und lacht sich kaputt.

Als Tom nach der Schule über den Hof geht,
fasst ihn jemand am Arm:
Es ist Frau Klops, die Hausmeisterin.
»Ahoi, Junge!«, sagt sie. »Hilf mir mal tragen.
Ich will meine neue Maschine
in den Keller bringen.«
Maschinen erfinden ist ihr Hobby —
der ganze Schul-Keller steht voll damit.

Mann! So ein Nerv-Tag!
Tom zerrt und schleppt.
»Was ist denn das für eine Maschine?«,
ächzt er.
»Eine Blitz-Mach-Maschine«,
sagt Frau Klops stolz.
»Und wofür ist die gut?«
Die Hausmeisterin guckt Tom an,
als wäre der ein wenig dumm.
»Zum Blitze-Machen«, sagt sie.

Da klingelt ihr Handy.
Frau Klops hält die Maschine mit einer Hand
und fischt ihr Handy aus der Hosentasche.
»Mein Friseur ... Das kann dauern«,
seufzt sie. »Bin gleich wieder da.«
Sie lässt die Maschine los.
Das Ding donnert auf den Boden,
genau neben den Hühnerhof.
Eine dicke Schraube fällt ab.

»Hm.« Tom will sie zurückstecken.
Da löst sich ein Schalter.
»Ups.« Tom will den Schalter wieder anfügen —
doch auf einmal zerfällt die ganze Maschine
in zwei Teile.
»Hey!« Schnell baut Tom alles zusammen,
als wäre es Lego,
und die Hühner gucken neugierig zu.

Tom guckt auch. Auf den Knopf.
Den großen roten Knopf.
»Nicht drücken, Tom«, murmelt er noch.
Und dann drückt er.

Die Maschine dreht sich.
Schneller und schneller.
Blitze feuern heraus —
nach oben und unten,
nach hinten und vorn.
Sie treffen die Hühner — und Tom.
In seinem Bauch kribbelt es.
Sein Kopf fühlt sich an wie Pudding.
Und die ganze Welt
ist auf einmal voll mit Blitzen,
rot und grün und blau und gelb.

Von weit weg hört er eine Stimme:
»Ist was? Ahoi? Junge?«
Tom macht die Augen auf. Frau Klops.
»Du bist ja ganz blass«, sagte die Hausmeisterin.
Tom schaut an sich hinunter:
Die Blitze sind weg.
Zwei Hände, zwei Beine — alles noch dran.
Die Maschine steht still da.
Die Hühner scharren in der Erde.
»Alles okay«, sagt er und hebt die Maschine an.
»Weg damit.«

Kapitel 2
Knacks!

Ding-dong!
»Mila ist da!«, ruft Toms Mutter.
Mila geht immer mit Tom zur Schule.
Tom läuft zur Tür.
»Halt!«, ruft seine Mama. »Dein Turn-Beutel!
Und hier habt ihr noch was zum Naschen!«
Als er aus dem Haus tritt,
fragt Mila: »Hast du den Müll?«
Im selben Moment ruft Toms Mutter
aus dem Fenster: »Tom, der Müll
steht noch hier! So geht das nicht —
das ist DEIN Job! Jeden Tag
vergisst du den Müll!«
»Upsi!«, ruft Tom. »Mach ich morgen!«
Er lacht und schaut in die Nasch-Tüte.
Nun lacht er nicht mehr. »Wäh, Rosinen!
Komm, wir kaufen uns Pops beim Bäcker.«

Als sie an der Schule sind,
zeigt Mila zum Hühnerstall.
»Was ist denn da los?«
Ein paar Kinder tummeln sich davor.
Tom hat ein komisches Gefühl.
»Sind die irre?«, ruft Mila.
Die Hühner hopsen im Zickzack herum,
sie knurren und quaken und miauen.
Mittendrin rennt Herr Rollo hin und her,
als wäre er selbst ein wildes Huhn.
»Stopp!«, ruft er. »Seid still!«
Über seinem Kopf flattert Erika im Kreis.

Neugierig stellt Tom sich an den Zaun.
Und auf einmal rennen die Hühner auf ihn zu.
Edda hört auf zu krähen,
Emine hört auf zu fiepen,
Esi hört auf zu miauen,
Eva hört auf grunzen,
und Elke flattert — auf Toms Kopf.
Alle Hühner gackern nun friedlich —
und alle Menschen starren Tom an.
»Steht dir«, sagt Lasse und grinst.
Tom rupft sich das Huhn vom Kopf.
»Tom Kruse«, sagt Herr Rollo,
»komm mal zu mir.«

Als Tom ins Gehege tritt,
gurren die Hühner vor Freude
und reiben die Köpfe an ihm wie kleine Katzen.
»Was soll denn das?«, fragt Tom und kichert.
Komisch — irgendwie mögen die Hühner ihn.
Und noch komischer: Er mag sie auch!
Bisher waren sie ihm immer total egal …

Aber Moment! Was ist das?
Hinten am Zaun ist ein Nest.
Darin liegt ein riesiges Ei.
Mit bunten Sternen.
Hä? Tom runzelt die Stirn.

Nun flattert die kleine Erika hinüber,
setzt sich auf ihr Ei und brütet.
Und da passiert es: Erika wackelt –
denn unter ihr regt sich was. Knacks!
Die Kinder zucken zusammen.
Herr Rollo reißt die Augen auf.
»Da schlüpft was!«, ruft Mila.
Herr Rollo lacht. »Ein Küken!«
Die Schale ploppt.
Heraus kommt ...
... ssssssssssssssssup!
»Ein Dino?«, japst Tom.
Jup. Ein Dinosaurier.
Grün.
Groß.
Gruselig.
Groß? — Nein, RIESIG!
»Ein T-Rex«, flüstert Tom.
Da brüllt der Dino los.

»ROOOOAAAAARRRR!«
Die Blätter an den Bäumen zittern.
Lasse lässt seine Cola fallen.
Die kleine Erika gackert vor Glück —
sie ist so stolz auf ihr Küken!

»Huuuungeeeer!«, brüllt der T-Rex.

Was für ein Maul! Was für Zähne! Riesig!

Und so viele ...

Er trampelt durch den Zaun —

auf die Kinder zu!

Alle schreien und rennen weg.

Herr Rollo klettert auf den Stall.

Da kommt die Direktorin an, Frau Wummel.

Sie wedelt wild mit einem Schirm.

»Lässt du uns wohl in Ruhe!«,

ruft sie und haut dem T-Rex auf den Po.

Der macht »Happs« —

und Frau Wummel ist weg.

Im Dino-Maul.

Noch immer hört man sie zetern.

Sie ist so was von sauer!

»Hilfe!« Alle rennen kreuz und quer.
Alle, bis auf Tom.
Der kann sich nicht bewegen,
so viel Angst hat er!
»Komm zu mir, Tom!«, brüllt Mila.
Sie steckt in der Müll-Tonne.
Aber Tom kann nicht.

Der T-Rex wendet den Kopf.
Er schnuppert.
Er spuckt Frau Wummel aus.
Und dann stapft er auf Tom zu.
WUMS, machen seine Füße auf dem Boden.
WUMS. WUMS.
Ach du dickes Ei, denkt Tom.
Der T-Rex beugt sich zu ihm runter.
Seine gelben Augen funkeln.
Seine Zähne blitzen.
Tom stottert: »Ich ... ich schmecke total eklig«,
sagt er eilig. »Wie Rosinen! Schau!«
Er hält dem Dino die Tüte hin.
Die Dino-Augen leuchten.
Er reißt den Mund auf —
und schnappt die Rosinen-Tüte!

Glupp!
Der T-Rex schluckt — und lächelt.
Artig setzt er sich vor Tom.
»Ninen!«, brummt er. »Ninen! Büüüütte!«
Irgendwie putzig, denkt Tom.
Schade, dass er Menschen frisst.
Herr Rollo hockt noch immer auf dem Stall.
»Was ist hier nur los?«, murmelt er.
»Verflixt noch mal, was ist hier nur los?«

Kapitel 3
Plötzlich Dinositter

Alle sind im Schulgarten
und plappern durcheinander.
Der Schulkoch hat einen Topf Rosinen geholt.
Tom gibt sie dem T-Rex, eine nach der anderen.
Immer, wenn die Pause zu lang ist,
knurrt der Dino: »Meeeeehr!«
»Schneller, Tom-Tomate«, faucht Lasse.
»Der frisst uns gleich.«
Die Direktorin Frau Wummel
klatscht in die Hände.
»Ruhe, bitte, alle zusammen, Ruuu-heee!«
Sie zeigt auf den T-Rex,
der gerade einen Kack-Haufen macht.
Dino-Portion.

»Das geht so nicht.« Frau Wummel stöhnt.
»Das Ungetüm muss weg.
Wir haben genug zu tun an der Schule.
Herr Rollo, es ist Ihr Dino! Was nun?«
Der Lehrer zögert.
»Tom Kruse kann die wilden Hühner zähmen.
Und mit dem T-Rex kommt er auch zurecht.«
»Äh ...«, stammelt Tom. »Bitte was?«

Frau Wummel nickt und sagt:
»Gut, Tom, dann gehört der T-Rex jetzt dir.
Ich gebe dir heute frei,
damit du alles klären kannst.« Sie ruft:
»Alle anderen: Zurück in die Klassen! Dalli, dalli!«
»BITTE WAS?«, ruft Tom.
Lasse lacht böse. »Viel Spaß, Dinofutter! Haha!«
»Halt die Klappe, Lasse«, faucht Mila.
Tom sagt gar nichts. Er ist total baff.
Herr Rollo klopft ihm auf die Schulter.
»Das schaffst du schon«, sagt er und lächelt.
»Ist doch toll, oder? Ein echter T-Rex,
nur für dich! Sie ist übrigens ein Mädchen.«
»Hä?«, sagt Tom.
Herr Rollo nickt. »Eine Dino-Dame. Also,
um genau zu sein: eine Tyrannosaura.«
Mila winkt ihm hilflos zu. »Bis später, Tom!
Alles wird gut.«

Tom ist allein.
Mit einer T-Rex,
die in seinen Rucksack beißt.
Und an seinen Haaren kaut.
»He!« Sanft schiebt Tom sie weg
und gibt ihr die letzte Rosine.
»Oh Mann. Dann komm mal mit, Rexi.«

»Erst gehen wir zu Frau Klops«, erklärt Tom.
»Sie muss die Hühner wieder reparieren.«
Tom findet die Hausmeisterin in der Werkstatt.
Sie steckt gerade mit dem Kopf
in einem Apparat.
»He, Frau Klops«, sagt Tom. »Helfen Sie mir!
Ihre Maschine hat die Hühner verhext,
die haben einen Dinosaurier ausgebrütet!«
Frau Klops zieht den Kopf raus
und guckt Tom an.
Dann sieht sie Rexi. »Oha!«
»Ja«, sagt Tom. »Oha.«
Rexi knuspert eine Kiste mit Nägeln leer.»Und
das war echt meine Maschine?
Ist ja ein Ding.« Die Hausmeisterin strahlt.
»Machen Sie die Hühner wieder gesund?«,
fragt Tom. »Bitte.«

Frau Klops nickt. »Ich bau was. Wirst sehen.«
Freudig greift sie zur Kettensäge.
Tom geht schnell hinaus.

So was Verrücktes!
Na, immerhin hat Tom keine Schule.
»Komm, Rexi, wir gehen nach Hause.«
Er führt die T-Rex durch die Stadt.
Sie folgt ihm brav wie ein Lamm.
Zum Glück treffen sie nicht viele Leute.
Ein Mann rennt weg, als Rexi kommt.
Ein kleiner Hund bellt wütend.
Ein Limo-Laster rumpelt gegen
einen Zaun.

Und Rexi? Die mampft ohne Pause:
Blumen, Fahrrad, Briefkasten.
»Schön gelb!«, brummt sie.

»Iss nicht so viel, Rexi«, sagt Tom.
»Briefkästen sind nicht gesund.
Ich backe uns Pommes.
Die sind auch gelb.«
Rexi schluckt den letzten Bissen runter.
»Pommes?«
»Ja, aus dem Ofen, die sind lecker.
Und danach will ich aber in Ruhe
Ninja Zebra gucken.
Du kannst ja schlafen oder so.«

Schon sind sie im Rosenweg.
Hier wohnt Tom.
»Schau, Rexi, da ist unser Haus!«
Er schiebt die Terrassentür auf.

»Komm einfach rein,
meine Mutter ist bei der Arbeit.«
Doch leider arbeitet Frau Kruse heute zu Hause.
Sie sitzt am Esstisch und tippt auf dem Laptop.

Kapitel 4

Wie versteckt man einen Dino?

Mist! Tom bleibt stehen.
»Stopp«, zischt er. »Rexi, bleib im Garten!«
Hat seine Mutter was gemerkt?
Sie tippt immer noch. Uff.
»Will gelbe Pommes«, brummt Rexi.
»Das geht jetzt nicht.« Tom stöhnt.
»So was Blödes. Meine Mutter rastet aus, wenn sie dich sieht. Ich muss gut überlegen, wie ich ihr alles erkläre.
Ich darf nämlich kein Haustier haben.
Wir müssen uns erst mal verstecken.«
Die T-Rex buddelt im Sandkasten.
Wolken von Sand fliegen durch die Luft und landen auf Tom. Nur noch Toms Kopf guckt aus dem Sand-Haufen.

»Hallo, Tom!«, ruft der alte Herr Kaya
von nebenan. »Baust du eine Sandburg?«
Er kann nicht mehr gut sehen.
»Ja«, sagt Tom, mit Sand im Mund. »Sand-
Würg.«
Herr Kaya lacht.
Er kann auch nicht mehr gut hören.
»Wo bist du, Tom?«, fragt Rexi.
»Verstecken spielen?«

Als Tom sich vom Sand befreit hat,
kaut Rexi gerade Mamas gelbe Gießkanne.
»He!«, ruft Tom. »Halt!«
Da rennt Herrn Kayas Katze über den Rasen!
Rexi jagt hinterher. »Huuunger!«
»STOPP!«, ruft Tom, so laut er kann.
Rexi hält an.

»Mann! Rexi!« Tom ist genervt.
»Das ist Mimi, eine Katze! Eine Miezi!
Unsere Nachbarin!
Die ist kein Futter!
Pass auf: Du darfst nichts fressen,
ohne mich zu fragen! NICHTS! Gut?«
Rexi sagt: »Gut. Gelbe Banane?«
»Das ist keine Banane, Rexi,
das ist unsere Hängematte.
Lass die bitte in Ruhe.
Ich hol dir jetzt gelbe Pommes!«

Leise macht Tom die Tür auf.

Seine Mama tippt und tippt.

Tom tapst vorbei. Sie guckt nicht auf.

Sehr gut. Fast ist er in der Küche ...

... da hört er ihre Stimme: »Hey, Schatz!

Wohin gehst du?«

»Ich mach gelbe Pommes«, sagt Tom

und fügt dann eilig hinzu: »Also, Pommes halt.«

Seine Mutter schaut auf. »Alles klar bei dir?«

Tom nickt eilig. »Ja, voll, Mama! Alles super!

Ich ess die Pommes dann im Garten.

Da stör ich dich nicht.«

Seine Mama runzelt die Stirn.

»Bei dem Regen?«

Tom dreht den Kopf. Mist!

Draußen schüttet es auf einmal wie aus Kübeln.

»WÄÄÄH!«, brüllt Rexi.

Frau Kruse zuckt zusammen. »Was war das?«

»Äh ... Das ist Herrn Kayas neuer Rasenmäher«, sagt Tom und redet schnell weiter:

»Ich ess dann im Baumhaus.«

Frau Kruse guckt schon wieder auf das Laptop.

»Bin auch gleich fertig.

Mach bitte auch ein paar Pommes für mich.«

Uff. So ein Stress!
Die Pommes sind fertig, und Tom füttert Rexi.
Die steckt mit dem Kopf im Baumhaus.
Happs! Tom zuckt. Fast wäre sein Finger weg gewesen.
»Langsam, Rexi«, mahnt er sie.
Aber Rexi hat großen Hunger.
»Lecker«, grummelt sie, und dann:
»Mein Popo ist nass!«
»Der Regen hört bald auf«, tröstet Tom sie.
Er schaut in den Himmel, dann auf den Rasen.
Oh nein!
Seine Mutter kommt!
»Rexi, mach dich dünn!«, japst er.

Rexi hopst hinter den Baum.
Nur Nase und Schwanz gucken hervor.
Aber Frau Kruse sieht nur Regen,
sie hat die Kapuze tief in das Gesicht gezogen.
»Hey!« Sie blinzelt hoch. »Alles klar bei dir?«
»Ja, Mama!«, ruft Tom extra fröhlich.

»*Ninja Zebra* kommt«, sagt seine Mutter.
Ach menno.
Tom ruft: »Die frische Luft tut mir gut!«
»Aha. Also, ich geh wieder rein«,
sagte seine Mutter. »Ich muss
die Akte fertig machen. Bis dann.«

Tom seufzt. Er ist nass wie ein Fisch.
Ihm ist kalt.
Er will Kakao und Sofa und *Ninja Zebra*.
Ach Mann.
Diese blöden Hühner.
Diese blöde Maschine.
Dieser blöde Di... — Tom schaut zu Rexi.
Sie hat sich gerade ein Pommes gekrallt.
Aber sie kommt mit dem Maul nicht ran,
ihr Arm ist zu kurz.

Rexi streckt sich und ächzt.
Tom lächelt und hilft ihr.
Nein, Rexi ist nicht blöd. Sie ist seine Freundin.
Gut, dass sie da ist.

Irgendwann sind alle Pommes weg. Rexi gähnt.
»Tommy! Ab ins Bett!«, ruft seine Mama
aus dem Fenster. Schon so spät?
»Ich schlaf heute im Baumhaus!«, ruft Tom.
»Was? Auf gar keinen Fall!«
»Bitte!«
»Kind, NEIN. Es regnet. Und morgen ist
Schule.«
Nö, denkt Tom. Für mich nicht.
Aber das weiß seine Mutter ja nicht.
Hey!, überlegt Tom. Jetzt, wo Rexi da ist,
muss ich nie wieder in die Schule! Super!
Aber in seinem Bett will Tom eigentlich
schon schlafen.
Was tun? Da hat er eine Idee.

Toms Plan klappt prima.
Als Mama Gute Nacht sagt,
ist Rexi draußen im Garten.
Jetzt aber liegt ihr Kopf auf dem Teppich —
so kann Tom ihn vom Bett aus kraulen.
Unter der Zimmertür klemmt ein Stuhl,
damit Mama nicht mehr reinkann.
Tom gähnt. Es war ein langer Tag.
Rexi schläft tief und fest.

»Ra-püüüüüüüü!
Ra-püüüüüüü!«

Tom kann nicht schlafen.
Bei jedem »Püüüü« von Rexi
geht ein Windstoß durch das Zimmer.
Die Poster an der Wand flattern.
Toms Haare wirbeln herum.
Er setzt eine Mütze auf.
Besser.
»Gute Nacht, Rexi«, flüstert er.
Sanft gibt er ihr einen Kuss auf den Kopf.
Rexi lächelt im Traum.
Und bald träumt auch Tom.

Kapitel 5
Erwischt!

»Guten Morgen!« Tom hopst in die Küche und strahlt. Das mag seine Mutter.
Nur keinen Streit.
Nicht heute. Nicht jetzt.
Gleich geht sie zur Arbeit,
bis dahin darf sie Rexi nicht entdecken.
Frau Kruse guckt von ihrem Handy auf.
»Morgen, Schatz«, sagt sie. »Gute Laune?«
»Ja, mega!«, sagt Tom — und japst.
Rexi schaut durch das Fenster!
»Augen zu!«, schreit Tom,
und verdutzt tut seine Mutter, was er sagt.
»Hab was für dich.« Er nimmt die Kaffee-Kanne. »Hier, Mama, heiß und lecker!«
Seine Mutter öffnet die Augen. »Hä?«
Tom springt in die Ecke, weit weg vom Fenster.
»Ui, Mama, schau mal! So ein schönes Brot!«

»Wie bitte?«

»Das will ich für die Pause«, plappert Tom.

»Aber ich belege es mir selbst, mit Salat, geh ruhig schon los! Ach, und den Müll nehme ich dann auch mit.«

Klack.

Frau Kruse legt das Handy hin.

»Was ist hier los?«, fragt sie eisig.

Tom stammelt: »Wieso? Äh ... Nichts, ich ...«
Frau Kruse steht auf. Sie sieht ihm in die Augen.
Toms Herz rast.

»Tom Willibert Kruse!«

Mist. Das war's. Tom guckt zu Boden.
Seine Mutter knurrt. »Also gut.
Ich finde es auch allein raus.«
Schon rennt sie in Toms Zimmer.
»Hier stinkt's!«, ruft sie. »Und es ist kalt!«
Bumm. Die Terrassen-Tür knallt zu.
Rexi ist also gerade draußen.
Uff. Tom atmet auf.
Noch mal Glück gehabt — oder?

Tom eilt in sein Zimmer. Mist.
Seine Mutter steht da wie eine Statue.
Sie starrt auf die Terrassen-Tür —
auf zwei riesige grüne Beine
und einen kugeligen Dino-Bauch.
Nun beugt Rexi sich hinunter
und öffnet die Tür.
»Ninen! Pommes! Frühstück!«
Mega-Mist.

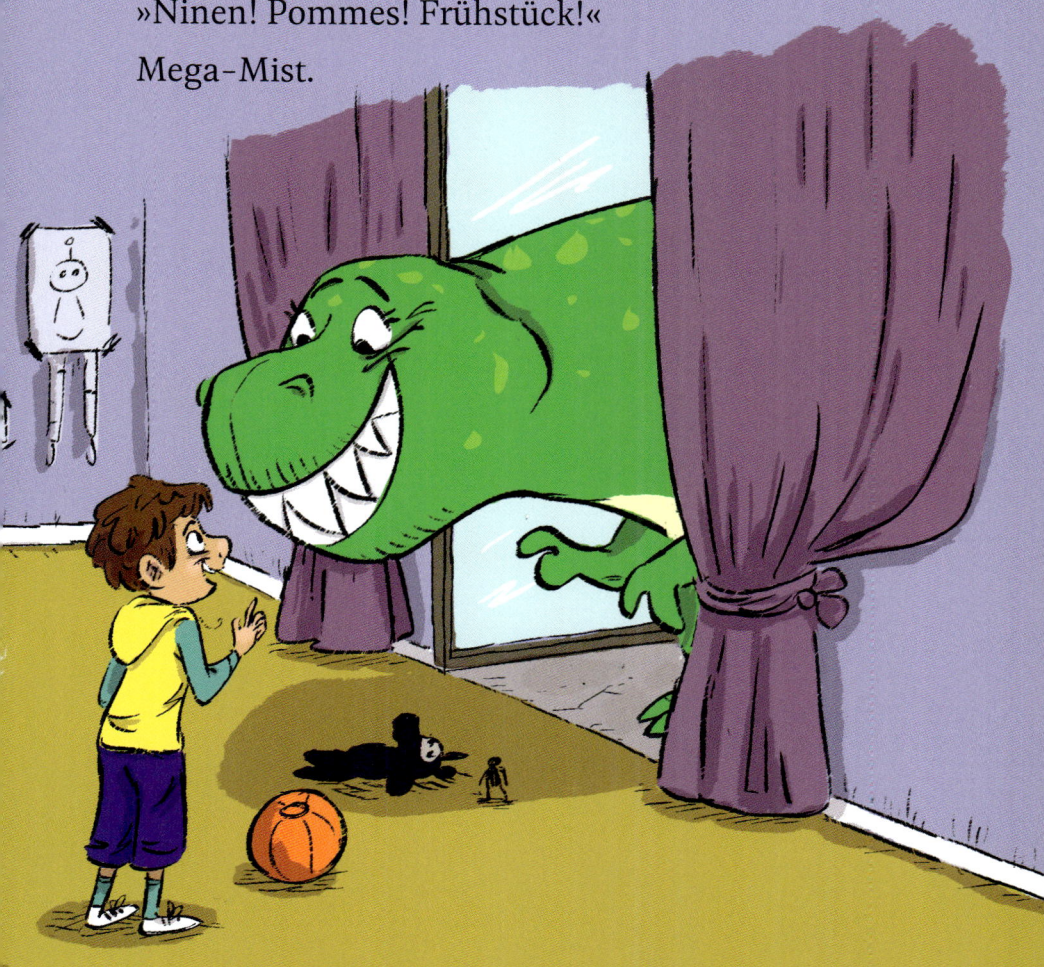

Tom redet und redet,
aber seine Mutter ist stinksauer.
»Und *den* versteckst du vor mir?
Einen Tyrannosaurus Rex???«
»... eine Tyrannosaur**A**, Mama!
Aber sie ist sowieso keine echte T-Rex!
Eher so ein Mix aus Küken und Dino.
Total harmlos.«
Seine Mutter schüttelt den Kopf.
»Und morgen hast du keine Lust mehr auf sie!
Wie mit dem Hamster!«
»Der hat immer nur gepennt!«, ruft Tom.
»... oder mit der Posaune!«
»Da lief immer Spucke raus!«
»... oder dem Karate-Kurs!«
»Das ... das war ...« Tom senkt den Kopf.
»Das wird anders mit Rexi, Mama. Bitte!«

Da beißt Rexi in den Kompost und rülpst.
»Das Tier muss weg«, sagt Toms Mutter mit
extra-strenger Ich-bin-hier-der-Boss-Stimme.

Rexi macht vor Schreck Pipi.
Tom jault auf. »Aber wo soll sie denn hin?«
Frau Kruse zieht den Vorhang zu.
»Bring sie in den Zoo. Sofort.
Und dann ab in die Schule.«

»In den Zoo! In den Zoo!«, freut sich Rexi,
als sie auf dem Weg sind. »Juhu!«
Tom sagt nichts.
Sein Herz ist schwer, schwer
wie ein T-Rex-Küken.
Sie kommen an Mattis Pommes-Laden vorbei.
Matti steht gerade auf einer Leiter
und malert das Haus.
»Will Pommes«, sagt Rexi. »Pooommeees!«
Tom zählt sein Geld. Zu wenig. »Mist!«
Da brummt auch Matti: »So ein Mist!«
Er reckt sich auf der Leiter,
aber er kommt nicht bis oben.
Hey! Tom hat eine Idee.
»Matti«, sagt er. »Willst du eine
Dino-Leiter?«

»Ja, gern!«, ruft Matti. Er klettert auf Rexis Kopf
und — tadaaa! Es klappt!
Im Nu ist die ganze Wand kunterbunt.

Dafür bekommen Tom und Rexi
zwei Mal große Pommes mit extra viel Mayo.
Rexi schleckt die Tüte aus —
und dann schleckt sie Tom über die Backe.
»Iiiih!« Tom kichert. »Dino-Sabber.«
Rexi ruft: »Aber jetzt in den Zoo!«
Und auf einmal ist Tom satt.

Der Zoo ist ganz in der Nähe.
Als Tom und Rexi zum Eingang kommen,
rennt die Frau an der Kasse weg.
Die Pelikane heben ab,
die Otter tauchen unter.
Nur einer steht ruhig mitten unter dem Tor.
Der Zoo-Direktor. Er winkt.
»Ich suche ein Zuhause für Rexi«,
sagt Tom leise.

»Willkommen«, sagt der Zoo-Direktor.
Seine Augen blitzen. »Du hast es gefunden.«

Sie sitzen am Pommes-Stand.
Rexi frisst und frisst.
»Und woher hast du ihn?«,
fragt Herr Raff-Meier.
»Aus der Schule. Bio«, sagt Tom.
»Gibt es noch mehr davon?«
»Nein«, sagt Tom. »Nur sie.«
»Und ist er wild? Gefährlich?«
»Sie ist sehr lieb. Sie hört auf mich.«
Der Direktor lacht wie eine Hyäne.
»Hahaha! Sehr gut!«
Tom sagt nichts.
Der Zoo-Direktor überlegt weiter:
»Bisschen klein. Wächst der noch?«
»Ich glaube nicht.«
Herr Raff-Meier reibt sich die Hände.
»Nun gut. Ich mache das Gehege fertig.«
Er kichert leise und geht.

»Mayo«, sagt Rexi. »Mehr Mayo.«
»Ich hol dir welche«, sagt Tom
und kramt in der Pommes-Bude herum.
Als er zurückkommt, ist Rexi weg.
Dafür brüllt ein Löwe.

Kapitel 6
Eine T-Rex im Zoo

Tom japst. Rexi steht im Löwen-Rudel!
Die Löwinnen ducken sich, bereit zum Angriff.
Das Löwen-Männchen brüllt.
Da sieht Rexi Tom und fragt unsicher:
»Essen, Tom? Darf Rexi gelbe Miezi essen?«

»Renn weg, Rexi, die wollen DICH essen!«,
will Tom rufen, aber kein Pieps
kommt aus seinem Mund.

Ein Löwe setzt an — und springt!
»BRÜLLEN!«, schreit Tom. Und Rexi brüllt:
»ROOOAAAAAAAAARRRRRR!«

Alle Löwen fliegen durch die Luft
und landen aufeinander.
Rexi guckt verblüfft auf die Löwen-Pyramide.
»Tom? Miezi? Miau?«
In dem Moment rennt der Direktor herbei.

»Was soll denn das?« Er ist rot vor Wut.

»Die guten Löwen!«

Tom ruft: »Rexi tut den Löwen nichts!
Sie hört doch auf mich!«

»Gut.« Herr Raff-Meier wirft ein Lasso.

»Ich bringe das Vieh jetzt in sein Gehege.
Zack, zack, komm mit!«

Herr Raff-Meier zerrt Rexi in die Urwald-Welt.

Tom erschrickt. »Aber da leben Krokodile!«

Der Direktor nickt. »Es ist perfekt!
Jäger der Urzeit! Grausam! Brutal!«

Tom hat Angst: Was, wenn sie Rexi wehtun?

Rexi kichert, als sie ins Wasser tapst.

Plitsch! Platsch!

Da taucht ein Krokodil an.

»Der große Ranjo!«, raunt der Direktor.

Ranjo sieht Rexi.

Er kommt näher.

Tom hält die Luft an. Rexi guckt.

Und dann ...

… klettert Ranjo aus dem Fluss
und reibt sich an Rexi.
»Was hat er denn?«, fragt Tom.
Aber dann kapiert er:
Ranjo ist … verliebt! Voll verknallt!
Er kuschelt sich an Rexi, die weiter planscht.
»Ihr sollt kämpfen!«, zetert der Direktor.
Aber Rexi und Ranjo spielen nur.
Der Direktor nimmt das Lasso.
»Genug. So geht das nicht.«

Aber es ist schwer, ein Gehege zu finden.
Die Stachelschweine piksen.
Die Yaks zeigen ihre Hörner.
Die Pinguine fliegen weg.

Als Rexi die Kängurus sieht kichert sie —
und hüpft los!
Bei jedem Hops bebt die Erde.
Ein Stall stürzt ein.
Ein Baum kippt um.
Eine Bank springt durch den Park —
mit Besuchern darauf.

Bei den Eisbären wird Rexi ganz ruhig. Schläft sie?

Nein, aber sie bewegt sich wie in Zeitlupe!

»He!«, brüllt der Zoo-Direktor. »Gib Gas!«

»Die Eis-Welt ist zu kalt für sie«, sagt Tom. »Sie ist doch ein Reptil. Wenn es kalt ist, werden sie langsam.«

»Pfui!«, ruft Herr Raff-Meier und winkt ab.

»Ab zu den Affen«, sagt der Direktor.
»Da ist immer was los!«
Die Bonobos lieben Rexi.
Sie klettern am Dino-Hals hoch.
Sie rutschen den Dino-Schwanz hinab.
Sie verstecken Kokos-Nüsse in Rexis Maul.
»Hilfe!«, sagt Rexi leise und guckt zu Tom.
Tom ruft: »Stopp! Die Affen sind zu wild!«
Der Direktor ist sauer. »So eine Witzfigur!«

Am Ende kommt Rexi in das Gehege
des Elefanten-Bullen. Das ist gerade leer.
Die Elefanten-Damen nebenan
retten sich in eine Ecke und trompeten.
»Aber da ist sie ja ganz allein«, sagt Tom.
»Ja, das ist auch gut so«, sagt Herr Raff-Meier.
»Ich kenne mich da aus. Geh jetzt, Kind.
Das Vieh braucht Ruhe. Tschüss.«
Er schiebt Tom aus dem Gehege.
Rexi guckt ihnen verwirrt zu.

Der Zoo-Direktor kichert. »Jupidu —
jetzt werde ich reich!«
»Wie bitte?«, fragt Tom.
Der Mann wird rot. »Ich ... ich meinte:
Jetzt werde ich GLEICH ...
Futter holen! Pommes.«
Tom flüstert: »Sie mag auch Rosinen.«
»Alles klar. Tschüss, Kind!«
Tom schluckt und winkt. »Bis morgen, Rexi.«
Rexi guckt ihn ratlos an.
Tom dreht sich um und geht weg.
»Schlaf gut«, sagt er leise.
Eine Träne läuft ihm über die Wange,
als er geht.

Kapitel 7
Lauf, Rexi, lauf!

Uff. Was für ein Tag!

Schule lohnt sich nicht mehr.

Müde geht Tom nach Hause. Niemand da.

Endlich Ruhe. Endlich chillen.

Alles wieder wie immer ...

Tom macht sich einen Kakao

und legt sich aufs Sofa.

Ninja Zebra geht los.

Das Zebra kämpft gegen Samurai-Löwen.

Löwen ... Wie es Rexi wohl geht?

Tom lächelt traurig.

Hoffentlich regnet es nicht mehr heute.
Rexi mag keinen Regen.

Tom schaut raus.
Überall im Garten sieht er Rexis Spuren.
Tom stellt die Tasse hin.
Schmeckt irgendwie nicht.
Er macht den Film aus, holt einen Eimer
und räumt alles auf: Kompost-Dreck,
Kackhaufen, zerkaute Gießkanne.
Und alles ist voller Sand.
Tom lächelt. Ach, Rexi.

Als Tom den Müll in die Tonne wirft,
fährt Lasse mit dem Rad vorbei.
»Tom-Tomate! Bist du das Monster los?
War 'ne Nummer zu groß für dich, hä?«
Tom antwortet nicht.
Lasse redet weiter: »Ich dachte ja erst,
der gehört ins Museum.
Aber, Alter, der ist echt zornig!
Mega ist das jetzt im Zoo!
Ziegen-Killer-Alarm!«
»Bitte WAS?« Tom starrt Lasse an.
Und rennt los.

Schon von Weitem sieht es Tom.
Ein großes, rotes Schild.
Und darauf steht:

T-REX-PARK
WILD! BÖSE! BLUTIG!

HEUTE 17 UHR:
ZIEGEN-KILLER-SHOW!

Endlos viele Leute stehen an der Kasse.
Tom ist auf einmal ganz schlecht.
Rexi! Was ist da nur los?
»He, stopp!«, ruft die Frau an der Kasse,
als Tom vorbeirast. »Das kostet 100 Euro!«
Aber Tom rennt weiter.
Der Zoo ist rappelvoll.
»So ein Monster«, sagt ein Mann.
»Gruselig!«
Tom rennt schneller.
Er hat Tränen in den Augen.
Was hat er nur getan?
Er hat Rexi im Stich gelassen!

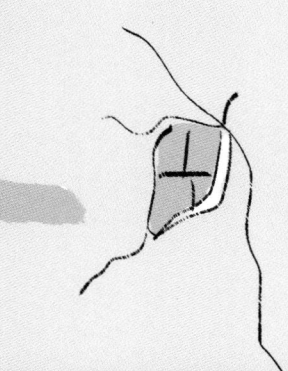

Endlich ist er am Elefanten-Gehege.
Alles ist voller Menschen.
»Woooaaaah!«, rufen sie. »Ist der fies!«
Tom drängt sich nach vorne.
Und da sieht er sie.
Rexi. Vor ihr eine kleine Ziege. Sie meckert.
Rexi macht gar nichts.

Sie sitzt nur da und bewegt sich nicht.
»Friss die Ziege!«, ruft der Direktor. »Los!«

Da schreit Tom: »Stopp! Was soll das?«
Herr Raff-Meier winkt ihm.
»Ah, das Kind! Gut, dass du da bist.
Das blöde Vieh glotzt nur rum.
Die Leute wollen was sehen für ihr Geld!
Los, sag ihm, er soll die Ziege fressen,
auf dich hört er doch!«
»Nein!«, ruft Tom. »Das werde ich nicht.«
»Tom?«, piepst Rexi.
»Hey!«, ruft Tom. »Ich nehme dich wieder mit.
Das hier ist kein guter Ort für dich, Rexi.«
»Unsinn!«, zischt der Direktor böse.
»Der gehört mir, kapiert? Hau ab!
Verzieh dich aus meinem Zoo, aber zackig!«

Tom wird sauer. So sauer,
wie er es noch nie zuvor war.
Und sauer macht mutig!
»Rexi gehört niemandem!«, ruft er laut.
»Rexi ist frei! Eine Tyrannosaura Rex!
Komm, Rexi! Wir gehen!«
Rexi schaut auf. Sie hält den Kopf schief.
»Lauf, Rexi, lauf!«, brüllt Tom.
Rexis Augen leuchten. Und dann springt sie auf.
Die Leute schreien und fliehen.

Rexi läuft durch die Mauer.
Und durch das nächste Gehege.
Und durch noch eins.
Die Elefanten sind frei und die Zebus.
Ein Orang-Utan klettert auf das Klo-Haus.
»He!«, brüllt der Zoo-Direktor.
Er zetert und tobt. »Was soll das?«
Aber Rexi und Tom sind längst weg.

Kapitel 8
Abends im Museum

»Nach Hause?«, fragt Rexi.
Tom seufzt. »Das geht ja nicht ...«
Er überlegt. Und da hat er eine Idee —
genauer gesagt: Lasses Idee ...
»Ins Museum!«, ruft Tom. »Das ist perfekt!
Da kennt man sich mit Dinos aus,
und du hast ganz viel Platz,
und es sind keine Leute da.
Und ich kann dich immer besuchen,
Kinder haben freien Eintritt!«
Der Herr an der Kasse döst vor sich hin.
Tom und Rexi gehen leise vorbei,
sie wollen ihn nicht wecken.

»Boah!«, sagt Rexi,
als sie den ersten Raum betreten.
Ein riesiger Wal hängt dort von der Decke.
Ein riesiges Krokodil liegt darunter.
Rexi stupst den Wal an. »Hallo, du da.
Wollen wir spielen?«
Ein Seil reißt. Nun tanzt der Wal auf der Flosse.
»Ups«, sagt Tom. »Komm lieber mit.«

Sie gehen zur großen Halle.
»Ooooooh!«, staunt Rexi.
Die Halle ist voll mit Dino-Skeletten.
Tom lacht. »Cool, oder?
Das sind alles Dinos, so wie du!«
Rexi gibt einem T-Rex die Hand.
»Hallo, essen wir Pommes?«,
fragt sie.
Die Knochen-Hand bricht ab.
Rexi japst und lässt sie fallen.
»Tom, Dino ist krank!«

Rexi beugt sich zu Tom runter
und wimmert: »Will weg hier.«
Tom schaut in die
dunklen Kulleraugen.
Hilfe!, sagen die Augen. Angst!
Und dann umarmt Tom Rexi,
besser gesagt: ihre Schnauze.
Rexi gurrt leise,
wie eine 200-Kilo-Taube.

Und Tom wird klar: Rexi ist noch mini,
wie ein kleines Kind, fast noch ein Baby.
Ein zwei Meter hohes Baby — aber ein Baby.
»Komm, Rexi«, flüstert Tom. »Gehen wir heim.«

Draußen vor dem Museum geht
die Sonne unter.
»Rexi«, sagt Tom, »beug dich mal runter.«
Rexi senkt den Kopf —
und Tom klettert auf ihren Rücken.
Rexi rennt los.
Tom klammert sich fest.

»Wuhuu!«, ruft Tom. »Wir kommen!«
»Wuhuu!«, brüllt Rexi, und die Bäume beben.
Ein Mann rettet sich in eine Mülltonne.

Tom lacht, und sie reiten nach Hause.

Im Rosenweg ruft Toms Nachbar:
»Hilfe! Mimi ist wieder auf dem Dach!«
Mimi ist Herrn Kayas Katze.
Sie klettert immer herum,
bis die Feuerwehr kommt.
Tom guckt Rexi an. »Bist du bereit?«
»Jup«, antwortet Rexi.
Sie reckt sich nach oben,
und Tom klettert und klettert
und rettet Mimi.
Die findet es ziemlich lustig auf dem Dino.
Herr Kaya strahlt. »Danke, Tom!
So ein nettes Haustier hast du da!«

Als Tom mit Rexi in den Garten kommt,
reißt seine Mutter die Tür auf.
Sie starrt Rexi an, ihr Mund steht offen.
Tom sagt: »Bitte, Mama, nur eine Nacht.«

Dann gehen sie schlafen.
Bald schnarcht das T-Rex-Mädchen
im Mondlicht.
Tom aber ist noch lange wach.

Kapitel 9

Super-Dino

Schleck!
Eine raue Dino-Zunge wischt
über Toms Gesicht.
Schleck! »Iiiiih!« Tom setzt sich auf.
»Moin«, sagt Rexi und dann: »Huuuungeeeer!«

»Guten Morgen«, sagt Toms Mama,
als Tom in die Küche kommt.
Sie stellt zwei Mal Müsli hin.
»Danke, Mama«, sagt Tom, und Rexi,
die durch das Fenster guckt, sagt auch:
»Danke, Mama.«
Als sie Müsli essen will,
knallt ihr Kopf gegen die Lampe.
Kaputt.
Toms Mama zuckt. »Tommy, wir müssen reden.
Du willst einen Hund, ich weiß.«
»Nein, Mama«, sagt Tom. »Ich will nur Rexi.«

Da rast ein Motorrad durch den Rosenweg —
wie jeden Morgen.
Und wie jeden Morgen brüllt Toms Mutter
aus dem Fenster: »Langsam, du Idiot!«
Heute aber hebt auch Rexi den Kopf
und brüllt.
Ihr Dino-Brüllen, an Löwen geübt.
Das Haus zittert.

Puh, sind das viele Zähne! Tom schrubbt.
Ding-dong!
Da ist ja schon Mila. Jetzt aber los!
»Ausspülen, Rexi«, sagt Tom,
und Rexi spuckt in die Badewanne.
»Gut gemacht«, sagt Tom zu Rexi.
»Warte vor dem Haus, ich komme gleich.«
Seine Mutter sitzt noch in der Küche.
Sie lächelt, als Tom den Müllsack
aus dem Eimer nimmt. »Danke, Schatz.«
»Ist doch klar«, sagt Tom. »Bis später!«

»Da hoch?«, fragt Mila draußen
und guckt Rexi an. »Echt?«
Tom grinst.
Also gut. Mila klettert auf Rexis Rücken,
und Rexi flitzt los.
»Juhu!«, brüllt Mila.
Im Galopp jagen sie durch die Stadt,
und ihre Haare fliegen im Wind.

Ein Luftballon weht an ihnen vorbei.
»Uiii!«, ruft Rexi und freut sich.
Auf einmal hören sie was von unten:
»Buääääh!« Ein Kind weint. »Mein Baboo!«
Rexi macht einen Happs
und schnappt die Ballon-Schnur.
»He, Rexi, pass doch auf! Das wackelt!«
Tom und Mila krallen sich fest.
Aber Rexi beugt sich runter zu der Kleinen.
Die lacht. »Ooh, danke, Dino!«

Auf dem Pausenhof warten schon alle.
»Da kommen sie!«, ruft Herr Rollo,
als die Erde zu beben beginnt.
Die Schüler rennen auf Tom, Mila und Rexi zu.
Alle freuen sich. Nur Lasse guckt Tom fies an.
»Denkst du, jetzt bist du mega-toll, oder was?«
Tom schluckt.
»Halt die Klappe«, sagt Mila.
Und da hat Lasse auf einmal ein Ei in der Hand
und wirft es! Patsch! Es landet auf Rexi.
Lasse lacht. »Haha, Treffer, ihr Eier-Babys!«

»Hey!«, ruft Tom. Auf einmal ist er wütend.
Dann geht alles ganz schnell.
Denn Rexi macht »Happs«. Und Lasse ist weg.
Alle schreien auf. »Rexi!«, ruft Tom entsetzt.
Aber schon rülpst Rexi —
und spuckt Lasse wieder aus. Voller Sabber.
»Schmeckt nicht«, sagt Rexi.
»So«, sagt Tom zu Lasse.
»Hältst du jetzt endlich mal die Klappe?«
Und das macht Lasse.
So was von.

Kapitel 10
Ein neues Haustier

Rexi wohnt jetzt fest bei Tom.
Toms Mama ist einverstanden —
wenn Tom wieder in die Schule geht
und Rexi im Haus hilft.
Das macht sie gern.

Einmal kommt die Polizei und sagt:
»Wir haben eine Anzeige von Herrn Raff-Mei...,
äh, von einer Person.
Dinos als Haustiere sind verboten.«

Aber gerade in dem Moment
rast wieder das Motorrad vorbei,
und Rexi bremst den Fahrer.
Die Polizei jubelt. »Das ist ja toll!
Hilfst du uns auch?«, fragt sie.
»Logo«, sagt Rexi.
Jetzt hilft sie ab und zu aus.

Klar, dass sie bei Tom bleiben darf.

Wenn Tom in der Schule ist,
ist Rexi immer bei den Hühnern.
Sie freuen sich, wenn Rexi da ist.
Aber am besten finden sie es,
wenn Tom ihnen vorliest.
Elke sitzt dann auf Toms Kopf.
Die kleine Erika kuschelt sich an Rexi.
Manchmal steht Herr Rollo am Zaun
und murmelt: »Verflixt noch mal,
was ist hier nur los?«

Eines Tages bauen sie Lego,
als Lasse ins Gehege tritt.
Er hat Hühner-Kackdienst.
Die Hühner gackern nervös.
Lasse wedelt sie grob weg. »Abflug!«
Er tritt sogar nach Emine!
Rexi knurrt.
»Warte«, sagt Tom. »Ich mach das.«

Er steht auf und geht auf Lasse zu.
»Halt!«, sagt er ganz ruhig, aber klar.
»Stopp! Lass sie in Ruhe.«
»Hä? Was is, Tom-Tomate?«, fragt Lasse.
»Zisch ab«, sagt Tom. Seine Angst ist weg.
»Zisch einfach ab. Sag Herrn Rollo,
dass *ich* mich ab jetzt
um die Hühner kümmere.«

Es ist ein sonniger Mittwoch,
als die Hausmeisterin zu Tom eilt.
»Ahoi, Junge, ich hab die Maschine fertig!«
Tom springt auf. »Echt? Ist ja super!«
Frau Klops nickt.
»Hab gehört, dein Dino liebt Rosinen?
Guck mal!« Sie zieht an einem Hebel.

In hohem Bogen fliegen Rosinen durch die Luft und landen in Rexis Maul. Die meisten. Der Rest landet an der Wand der Schule und bleibt dort kleben. »Ninen!«, ruft Rexi und schleckt die Wand ab.

Aber Tom kann es nicht fassen.
»Sie haben eine Rosinen-Kanone gebaut?
Wir brauchen doch eine Hühner-Zurück-
Verwandel-Maschine!
Frau Klops, jetzt schauen Sie sich
die doch mal an!«
Er zeigt auf die Hühner.

Erika sitzt in Rexis Maul
und pickt die Dino-Zähne sauber.
Edda liest ein Buch.
Eva tanzt Ballett.
Esi trägt bunte Federn.
Emine schält sich eine Banane.

»Das sind keine normalen Hühner mehr«,
sagt Tom. »Verstehen Sie?«
»Verstehe«, sagt Frau Klops. »Ich bau dir was.«

Doch Tom hört gar nicht zu.
»Ach du dickes Ei«, sagt er.
Denn mitten in den Sand
hat die mutige Elke ein Ei gelegt,
mintgrün mit pinken Tupfen.
Und sie brütet.

**Wer hier wohl schlüpft?
Auf in ein neues Abenteuer!**
Band 2: »Halt den Schnabel, Tier!«

Leseprobe aus
KNACKS!
Band 2: Halt den Schnabel, Tier!

»Wasser, Wasser!«, ruft Pepe vor Glück,
als es im Bad aus dem Wasserhahn tropft.
»Ich will schwimmen!«
»Also gut.« Tom lässt die Wanne volllaufen —
und platsch! Schon ist Pepe drin.
Er wirbelt hin und her, springt in die Luft —
und taucht wieder unter. »Juhuuuu!
Noch mal!«

Im Nu ist das ganze Bad überflutet.
Tom muss wischen.
Tom ist total müde,
als es endlich Zeit fürs Bett ist.
Aber wo soll das Schnabeltier nur hin?
Rexi braucht ja so viel Platz!
Erst hat sie immer nur mit dem Kopf
in Toms Zimmer gelegen,
der Rest war draußen im Garten.
Doch dann hat Tom mit seiner Mutter
Möbel gerückt, und jetzt
passt Rexi ganz rein.
Frau Kruse ist schon in Toms
Zimmer und legt Decken in
einen Wäsche-Korb.
»Schau, Pepe, das ist für dich.«

»Hallo?«, fragt Pepe. »Das ist doch kein Bett!«
Er zeigt auf Tom, der in sein Kissen plumpst.
»DAS ist ein Bett.«
Toms Mutter zieht den Vorhang zu.
»Versuch es mal. Und jetzt gute Nacht,
ihr drei.« Sie gibt Tom und Rexi einen Kuss.
»Nacht, Mama«, sagt Tom.
»Nacht, Mama«, sagt Rexi.
»Nacht, Mama«, sagt Pepe
und schmatzt ihr einen Kuss auf die Backe.
Mit Schnecken-Sabber-Schnabel.
Das Licht ist aus.
Tom rollt sich ein und döst schon fast weg …
Da hört er was.
Jemand tapst. Und grunzt.
Und … FLATSCH! Flossen auf Toms Bett.
Pepe rollt sich an ihn heran. »Rück mal.«
Tom knipst das Licht an. »Pepe! Ab in den
Korb. Das ist MEIN Bett!«
Das Schnabeltier zieht Toms Decke über sich
und macht die Augen zu. »Schööön …«

Tom sitzt verdutzt da. »Ne, echt nicht, Pepe. So hab ich keinen Platz.« Er rollt Pepe zurück in den Korb und knipst das Licht aus. »So. Gute Nacht.«
»Gute Nacht«, brummelt Rexi.
Tom döst wieder weg. Da hört er ein Schniefen.
»So allein«, jammert Pepe. »So allein ... Ich war immer bei Mama im Ei. Und nun bin ich so allein ...«
»Armer Pepe!«, wimmert Rexi.
Tom seufzt. Ach Mann.

Frau Klops' Schlau-Mach-Maschine

Fraß ein T-Rex wirklich Pommes?
Nö — die gab es leider noch nicht.
Er war Fleischfresser.
Die Wissenschaft ist sich nicht einig:

Manche halten ihn für einen großen Jäger, andere glauben, er war Aas-Fresser und hat nur tote Tiere verzehrt.

Wie groß waren Tyranno-Saurier?
Bis zu 15 Meter lang, bis zu 6 Meter hoch und bis zu 8 Tonnen schwer.
Rexi ist also wirklich ein Baby.

Warum hatte ein T-Rex so kurze Arme?
Diese Dinos jagten vermutlich oft in kleinen Gruppen, wie ein Löwen-Rudel, und teilten dann die Beute. Wenn da die Arme im Weg wären, könnten die anderen aus Versehen ein Stück Arm abbeißen. Aua.

Und sonst so?
Drücke nie den roten Knopf. Hey! Nein!
Das darfst du n...

Claudia Scharf, geboren 1980, lebte und studierte im Süden, Westen, Osten und Norden. Sie war Lektorin in einem Kinderbuch-Verlag und denkt sich nun selbst Geschichten aus.
Sie hätte gern einen lieben T-Rex im Garten: Damit könnte sie ihre Tochter super in den Kindergarten bringen und durch Hamburg flitzen. Das wäre schön!

Barbara Fisinger 1980 in Slowenien geboren, ist 2007 zusammen mit ihrer lebhaften Fantasie nach Trier gezogen. Sie ist immer noch in ihrer eigenen Fantasiewelt unterwegs, voller Helden, Figuren, Prinzessinnen und Monster, und versucht diese in ihren Kinderbuchillustrationen darzustellen.

Originalausgabe
1. Auflage
© 2024 Verlag Friedrich Oetinger GmbH,
Max-Brauer-Allee 34, 22765 Hamburg
Alle Rechte vorbehalten
© Text: Claudia Scharf
© Einband und Innenillustrationen: Barbara Fisinger
Satz: Sabine Conrad, Bad Nauheim
Druck und Bindung: Livonia Print SIA,
Jurkalnes iela 15/25, LV-1046 Riga, Lettland
Printed 2024
ISBN 978-3-7512-0500-9

www.oetinger.de